LES VISITES SOUVERAINES

A

L'EXPOSITION UNIVERSELLE DE 1878

I.

NASSER-ED-DIN CHAH

EMPEREUR DES PERSANS

PAR

GEORGES LÉVY

PARIS
IMPRIMERIE ADOLPHE REIFF
PLACE CAMBRAI, 9

1877

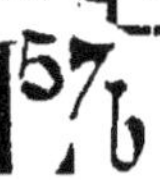

LES VISITES SOUVERAINES

A

L'EXPOSITION UNIVERSELLE

DE 1878

LES VISITES SOUVERAINES

A

L'EXPOSITION UNIVERSELLE DE 1878

I.

NASSER-ED-DIN CHAH

EMPEREUR DES PERSANS

PAR

GEORGES LÉVY

PARIS
IMPRIMERIE ADOLPHE REIFF
PLACE CAMBRAI, 9

1877

LES VISITES SOUVERAINES

A

L'EXPOSITION UNIVERSELLE DE 1878

NASSER-ED-DIN CHAH

EMPEREUR DES PERSANS

Depuis deux mois, le souverain éminent qui règne en Perse a fait savoir qu'il honorerait la France d'une visite pendant l'Exposition universelle.

La plupart des États de l'Europe ont vu ce souverain, chaque nation dont il a traversé le territoire l'a reçu avec munificence, et Paris, malgré les revers de 1870-71, a tenu à honneur de déployer devant lui les splendeurs de la civilisation européenne et a prouvé qu'elle n'était pas atteinte dans ses forces vitales.

Nasser-ed-din Chah a laissé partout des traces de son passage. Ses dons aux pauvres des diverses capitales de l'Europe ont été magnifiques et il a par ses nombreux achats enrichi le commerce du vieux continent. Nous allons esquisser à grands traits le règne de ce roi illustre entre tous ses devanciers de la dynastie des Kadjars.

Nasser-ed-din Chah est le quatrième empereur de la maison des Kadjars. Généreux, instruit, de mœurs sobres, son unique plaisir après les soucis du trône est l'exercice de la chasse. De bonne heure il apprit à gouverner; son père Mohammed-Chah lui confia à l'âge de vingt ans le gouvernement de la riche province de l'Aderbaïdjan sur les bords de la Caspienne où il fit preuve d'aptitude merveilleuse.

Intrônisé en 1848, il eut à lutter contre les insurrections du Khorassan et celle des Babis; il ne dut la vie qu'à son courage. Vainqueur de la révolte, il lui fallut combattre la famine, ce fléau terrible qui décima la Perse en 1870 et amena le souverain à se rendre en Europe pour y étudier le fonctionnement des greniers d'abondance.

La nation dont Nasser-ed-din Chah est le glorieux empereur, est célèbre entre toutes les nations de l'Asie. Dans la politique, la Perse présente une importance énorme à cause de la rivalité de ses voisins. La Perse, berceau de peuples héroïques, a été illustre dans toutes les sciences, depuis l'astronomie jusqu'à la philosophie. Ses poëtes rappellent ceux de l'époque antique, ses artistes, sculpteurs, potiers ou émailleurs n'ont pas de rivaux. La Perse se montre tolérante vis-à-vis de toutes les confessions et n'imite pas les autres musulmans, notamment les Turcs que leurs derniers exploits en Bulgarie et ailleurs ont mis au ban de l'Europe. — Elle s'étend de la Caspienne au golfe Persique et communique avec le bassin des Indes et tout l'Orient, de même qu'elle tend par ses futurs chemins de fer à communiquer avec l'Europe.

La Perse se contente de son territoire et répudie son passé de Xerxès à Alexandre. C'est ce qui a fortifié son esprit national. Elle s'est continuée dans sa civilisation tout en s'adaptant les améliorations introduites dans les pays étrangers. La Perse vivra et prospérera parce qu'elle n'a jamais imité les errements de l'Empire ottoman.

Quiconque connaît l'Asie peut facilement prévoir que la Perse est destinée à occuper une partie des possessions asiatiques de la Turquie, parce que l'Europe est disposée à protéger les plus sages des musulmans.

Le voyage de Nasser-ed-din Chah aura certainement une grande portée politique et sera le corollaire de la conférence de Constantinople.

On a beaucoup fait pour dissuader l'empereur des Persans d'entreprendre un nouveau voyage en Europe. C'est la Turquie et ses émissaires qui sont les plus hostiles à ce projet. Heureusement que Nasser-ed-din Chah, qui connaît les dispositions de l'Europe, ne se laisse influencer que par les idées du progrès et de la prospérité de son peuple. — Ce prince reviendra donc parmi nous et nous lui ferons le meilleur accueil.

Le Sadrazem Mirza Hussein-Khan, Malcom-Kan, Narzim ol Molk, et Nazare-Aga, le sympathique ministre de Perse à Paris, continuent d'inspirer à l'Empereur la détermination de venir en Europe, car ces hommes d'État savent que cette fois leur souverain saura au milieu du respect général qu'on accorde à sa personne, décider les pays européens à l'aider à augmenter la prospérité de la Perse en créant des voies ferrées dans tout l'Empire.

Quelles sources de richesses pour la Perse et pour l'Europe si l'on faisait ces chemins de fer ! En partant de l'Indoustan, au point où l'Indus se jette dans le golfe d'Oman, en établissant une ligne passant par le Beloutchistan, en suivant le littoral de ce golfe et entrant près du détroit d'Ormus, la ligne suivrait le littoral du golfe Persique et pénétrerait dans l'Arabie près de Bassorah. Elle traverserait en Perse les deux provinces de Laristan et Arabistan.

Ce trafic serait énorme et dédommagerait amplement les capitaux européens de s'être engagés dans cette affaire. Puissent nos princes de la finance comprendre enfin qu'il faut créer une route de l'Europe aux Indes et faire passer cette route par la Perse au lieu de chercher une voie difficile par le Turkestan russe et les steppes sablonneuses du Kokhand.

Le voyage de Nasser-ed-din sera le prologue de la construction de ces lignes ferrées dont les conséquences seront aussi la réforme économique de la Perse.

On sait de quel souci le Chah est pénétré pour les intérêts de son pays. — L'électricité et la vapeur qui constituent la force du monde moderne pénétreront bientôt dans ce pays qui, ouvert sur deux mers, n'a pas de marine. A l'est et à l'ouest, les frontières n'ont pas de défense naturelle et depuis douze années l'armée se reconstitue.

Amenez le progrès en Perse et le peuple persan, si instruit, si poli, si laborieux, continuera d'étonner l'Europe et d'enrichir le commerce du vieux continent comme il a enrichi déjà nos musées de ses œuvres exquises. Avec des voies de communication nouvelles il n'y aura plus à redouter la famine qui enlève autant d'êtres humains que le sabre des bachi-bouzouks dans la presqu'île du Balkan.

Fortifiez la Perse et vous éviterez le choc de ces deux grandes forces en Asie qu'on appelle la Russie et l'Angleterre. La Perse dotée de chemins de fer, c'est la plus forte barrière qu'on puisse lever entre les deux antagonistes dont la lutte amènerait la ruine des populations laborieuses de l'Asie musulmane et non bachi-bouzouque.

Le Perse entrant dans la voie du progrès, ce serait la fin de la léthargie des musulmans Asiatiques et celle du fanatisme mahométan, — programme digne de l'homme éminent qui l'a conçu.

Bien souvent on nous a fait l'objection que rien ne garantirait les capitaux étrangers apportés en Perse. Eh quoi, on a trouvé des capitaux pour faire des chemins de fer au Honduras, on a fait des emprunts péruviens, haïtiens, ottomans, on a donné des milliards à des pays sans ressources, sans production agricole, sans industrie comme sans commerce, et on hésiterait d'apporter de l'aide à un pays productif comme l'est la Perse!

On s'est contenté de simples garanties verbales données par des ambassadeurs, ministres, etc., de pays dont ils n'étaient pas même des sujets, et on hésiterait de traiter avec des hommes de la valeur de Mirza-Hussein-Khan, de Malcom-Khan, ces hommes d'État qui ont conservé l'unité de la Perse, tandis qu'on accordait confiance à ceux qui ont précipité la chute de l'Empire ottoman.

On aurait traité avec des présidents de républiques exotiques, avec le sultan de Turquie, l'homme aux harems qui a fait massacrer les populations chrétiennes de ses États, et on n'accorderait aucune confiance à Nasser-ed-din Chah, le souverain éclairé qui a toujours su se faire remarquer par son esprit politique, sa justice, son honnêteté et sa tolérance, qui a donné 20 millions de secours pris sur sa fortune privée, pour venir en aide aux victimes de la famine.

Les ministres qui sont les collaborateurs du Chah n'ont-ils pas toujours été au premier rang quand il a fallu défendre les idées humanitaires? — Ne les a-t-on pas vus repousser avec dédain les propositions turques, leur demandant de participer à la guerre entreprise par l'Islam contre les chrétiens de la Turquie. N'ont-ils pas respecté et protégé tous les cultes? — Y a-t-il eu en Perse depuis quatre siècles un seul exemple d'intolérance religieuse?

La Perse est à la tête de la civilisation européenne parmi tous les états musulmans, et par cela elle a droit à la bienveillance de la civilisation européenne. Elle a conservé la civilisation de l'antique Orient et malgré la religion dominante, ses populations ont toujours puisé leurs leçons à la source de la civilisation de l'Occident, et ont répudié les excès des sectateurs européens du Coran.

La Turquie se meurt, la Turquie est morte. La Perse vit, elle se régénère et pour compléter sa régénération, il lui faut le concours et l'appui de l'Europe qui ne les lui refusera pas parce que la mission de la Perse est bien définie aujourd'hui.

L'Europe a jusqu'ici soutenu la Turquie que la Conférence est en train de juger et de condamner inexorablement, parce que tous les efforts tentés pour relever l'empire ottoman sont perdus. La Perse doit hériter de la bienveillance de l'Europe, parce qu'elle est la sentinelle avancée de la civilisation en Asie, et qu'elle vient au devant de la civilisation européenne, en envoyant de nouveau en Europe son généreux souverain qui n'aspire pas à d'autres conquêtes qu'à celles obtenues par les bienfaits du progrès.

Nasser-ed-din Chah ne vient pas en Europe pour acheter des canons Krupp, des fusils à aiguille et tout l'attirail de ceux qui veulent établir leur domination sur leurs voisins, mais il vient pour étudier les progrès accomplis en Europe depuis son dernier voyage, et transplanter dans ses États une masse de travailleurs qui sauront rajeunir l'Asie et faire succéder à l'inertie et à la somnolence du monde musulman l'activité et le travail.

Nous souhaitons donc la bienvenue à l'hôte illustre que la Perse nous envoie.

Paris le 1er janvier 1877.

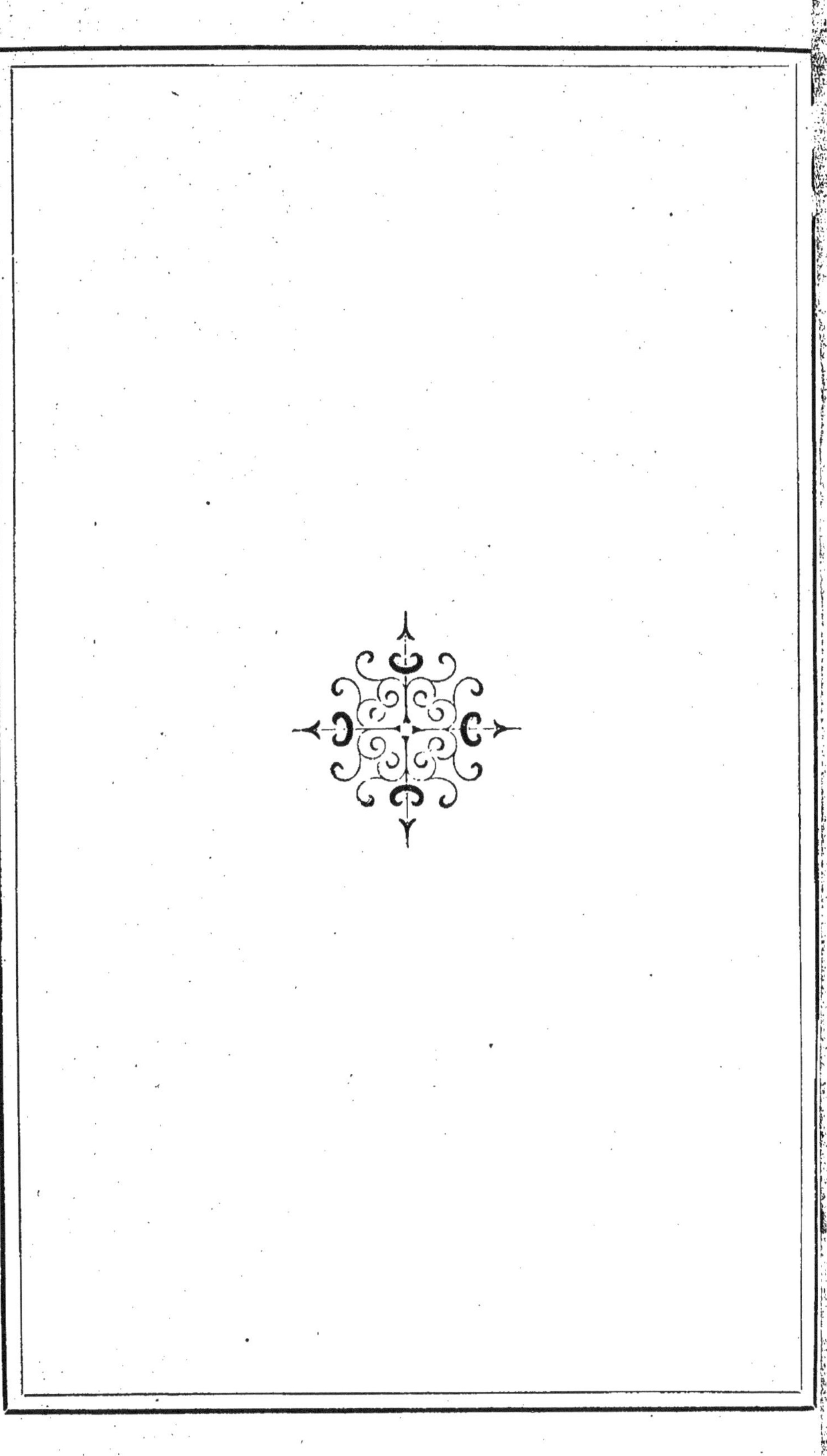

www.ingramcontent.com/pod-product-compliance
Lightning Source LLC
LaVergne TN
LVHW020511230826
846091LV00008BA/3449

* 9 7 8 2 0 1 2 3 9 5 8 4 8 *